AF607173
AVERSO

TALLER DE RELOJERÍA

(4.ª Catástrofe elemental)

Alejandro Céspedes

Número 54 de la Colección **AVERSO POESÍA**

Taller de relojería

Edición al cuidado de Averso Poesía
www.aversopoesia.com

Primera edición: diciembre de 2025
ISBN: 979-13-990991-5-7
Depósito Legal: GR 1896-2025

Impreso en España - *Printed in Spain*

El papel utilizado para la impresión de este libro está calificado como papel ecológico y procede de bosques gestionados de manera sostenible.

TALLER DE RELOJERÍA

(4.ª Catástrofe elemental)

Alejandro Céspedes

NOTA PREVIA

Dijo Francis Ponge que el mundo, desde que existe, nunca funcionó tan mal y que el espíritu humano nunca ha estado peor desde que el hombre ya no lo considera más que su cortijo para ejercer el poder. A Ponge se le ocurre que el artista tendría que convertirse en un mecánico, abrir un taller y reparar el mundo tal como le llega, por fragmentos, pero que no por ello se debería considerar un mago, sino sencillamente un relojero.

¡Un poeta —que solo escribe fragmentos— intentando reparar el mundo como un mago-relojero para hacer que el *big bang* de la existencia sea un poco más preciso! Un reloj hecho con piezas de maldad, incertidumbre, caducidad y desánimo. No me digan que no es para quedarse muchísimo más tranquilos. ¡En qué podría fallar un mecánico-poeta que trata de conseguir que el mundo funcione como un reloj?

Bienvenidos al taller.

«Nunca, desde que el mundo es mundo (pienso en el mundo sensible, tal como se nos ofrece cada día), nunca, sea cual fuere la mitología de moda, nunca el mundo, aunque solo fuese por un segundo, ha suspendido su funcionamiento misterioso. Nunca sin embargo en el espíritu del hombre —y sin duda precisamente desde que el hombre ya no considera el mundo sino como su campo de acción, el lugar o la ocasión de su poder—, nunca el mundo en el espíritu del hombre ha funcionado tan poco, tan mal. La función del artista es así muy clara: debe abrir un taller y reparar el mundo tal como le llega, por fragmentos. Y que no por ello se considere un mago. Solamente un relojero».

FRANCIS PONGE[1]

1.ª PARTE

EL RELOJERO DEL MUNDO (LOS FRAGMENTOS)

«Llevo el fragmento en la sangre».

Emil Cioran[2]

Fragmento 1

«La humanidad no puede soportar mucha realidad».
T. S. ELIOT

El lugar de los cambios después del bombardeo,
las cortinas que ondean en casas sin paredes,
un comedor dispuesto a las miradas
que llegan de la calle, una cama bien hecha
rodeada de escombros, la lámpara que oscila
entre el olor a pólvora, la fachada en el suelo,
dentro huecos como apiladas cajas
con sus bocas abiertas
mostrando el interior del edificio
a la vista de todos,
enseñando sus caries en cada telediario,
varias veces al día.

Y lo que queda es polvo de un metal oxidado
que flota sobre el aire
mientras el dolor brilla como un bote de estaño
expuesto al sol encima de las ruinas.
Cenizas de unos sueños que caen guillotinados
se amontonan sin orden sobre las cuerdas flácidas
que sostienen la carpa de un circo destruido,
y sombras de esqueletos reptan obedientes
al chasquido del látigo de un domador de misiles.

Así se van deshaciendo el futuro y el pasado,
lo mismo que un árbol seco
que es comido por los hongos
y cagado por las máquinas.

La vida allí resiste igual que las mentiras.
Al final todo es tan fácil...,
seguir la línea de puntos
que está empeñada en besar
a un presente que no existe.
Así regresa el mundo a nuestros ojos,
circundando el olvido,
girando atolondrado alrededor
de una bola de espejos.

Aquí, del lado del azogue, nos reímos
aspirando la vida con total fruición
mientras allí la gente bebe azufre.

Hoy la quietud es una anomalía.
Allí siguen los perros husmeando
los rastros de sus dueños, cruzando por las calles
de ciudades perdidas en los mapas de Ucrania
que conservan el nombre únicamente,
mientras las bombas caen como racimos
de fruta envenenada,
mientras un relojero recoge los fragmentos
de un mundo destruido por los hombres
—los mismos que más tarde
querrán recomponerlo—,
mientras corren los sueños a esconderse
debajo de la sombra
que arrastra la guadaña del olvido,
mientras llora la hierba —igual que Ponge—
por todo lo que sabe y lo que calla.

Dentro de cada instante hay un desastre
pensando cómo abrirse hacia el futuro.

Con qué arma disparar un dolor de tal calibre.

Fragmento 2[3]

Hace doscientos años que el campo y sus laderas
se quedaron cubiertos por fragmentos
de cascos y corazas, tambores rotos,
trozos de cañones, jirones de uniformes
y estandartes teñidos de una sangre culpable.

Mil ochocientos quince, dieciocho de junio,
la batalla de Waterloo.
Hubo piras ardiendo con soldados franceses
durante nueve días.
Las llamas, al final, se alimentaban
únicamente de la grasa humana.
Una empresa británica
recogió toneladas de osamentas
de humanos y caballos que eran enviadas
a las trituradoras de vapor de Yorkshire,
para luego en Doncaster ser vendidas
como fertilizante.

¡Cuánto ha cambiado todo!
¡Qué hermosas arboledas surgen de los esqueletos!
Cuánta paz domina hoy las colinas
mientras el universo huele a carne quemada.
Hoy parece que nada ha sucedido,
pero la misma historia sigue abriendo
todos los telediarios.

En Méjico —nos dice Edgar Olguín[4]—
es mucho más alarmante ver un cuerpo desnudo
que un cuerpo calcinado.
Escuchamos las llamas de la muerte
—con su crepitar fétido—
que restauran el tiempo de la paz del vencido.
Los ojos abrasados, los cuerpos triturados
como ofrenda a los pájaros
en el mundo del hambre.

Nos burlamos de todo...
No somos inocentes en esta sumisión a los olvidos.
Todas nuestras sonrisas son cómplices y airean
esporas de estas manchas.
La conciencia es ceniza
que duerme en el dolor de lo quemado.

En las candentes úlceras
de una historia que siempre se repite
escribimos poemas
para acallar cualquier remordimiento,
y en esa lacerante perversión de lo humano
se inaugura este tiempo donde somos eternos
convertidos en guano,
transformados en árboles.

Fragmento 3
Tres explosiones

1.ª

Una explosión que ocurre en el futuro
celebra las fracturas en los huesos del tiempo.
Cuerpos en combustión vienen a verme
y cada noche extienden sus probóscides,
lenguas lamen el néctar podrido de las pústulas,
mariposas de un día que beben de las lágrimas
de una tortuga ciega, sus enroscadas lenguas
aprovechan el sodio de un dolor inexacto.
Un deseo de vida se dispone a rezar
al borde de un infarto, pero nadie le ha dicho
que tienen el corazón escorado hacia el vértigo.

La sangre se arrodilla en mitad de la acrópolis
de la desesperanza ante aquellos que venden
sus migajas de paz a un interés abusivo.
Un corazón marchito reza a solas
en las desvencijadas ruinas de los templos.
Un corazón que explota en las orillas
de una playa desierta clama a unos dioses sordos
que nunca se distinguen por su benevolencia.

Un corazón se agota sin remedio
en este cuerpo de segunda mano.
Un dolor se refleja sobre un espejo cóncavo,
sus horribles recuerdos disimulan
frente a un muro de instantes que detonan.

2.ª

Una explosión ocurre en el presente.
Toda ruina contiene las respuestas
a la imaginación de su arquitecto.
Soy dueño de una vida
en la que toda realidad es apariencia,
donde la confusión sospecha de sí misma.

El día va cayendo como una piedra atada
a los pies de un cadáver que se arroja de un barco.
Una larga canción de soledad le sigue.
Tiene el aliento áspero, camina hacia el destierro.
La soledad es su única aliada.
Remolca la ficción de su dolor.
No tiene sombra.
La sombra es solo el frágil subproducto
de un cuerpo iluminado,
y no puedo dejar de preguntarme
para quién servirá hoy cualquier respuesta
si todas son cadáveres envueltos
dentro de una luz huérfana que viaja sola y fría
desde un astro extinguido hace milenios.

A veces, en donde vivo,
a los días no les gusta amanecer.
Prefieren ensayar su luz en otra parte.
Hoy la vida resbala intermitentemente
sobre dos horizontes inclinados
que obedecen al peso igual que una balanza.
Vivo en la oscuridad de la tormenta,

imposible vivir en el relámpago
que electrifica y muerde un corazón parado.

La cola de un cometa extraviado y sombrío
se ha escorado hacia el fondo de la noche.

Prosigue la tormenta con su enfado.

Ya no nieva en mi mundo,
hoy solo cae la nieve en mis recuerdos.

3.ª

Una explosión ocurre en el pasado.
El recuerdo es el humo que respiro
de unas hogueras lejanas
que hace tiempo se apagaron.

Todo vive y se quema de forma simultánea
dentro de un fotograma congelado.
El mismo fotograma en donde el alma huye
y la hoguera consume el celuloide
que durará lo mismo
que un fundido hacia el negro.
La vida en la memoria se degrada, lentamente,
con la cruel agonía de lo que se posterga.
El fondo al que caeremos siempre aguarda
aunque nadie lo espere.

La vida hace metáforas hasta con lo que ignora,
pero algunas arrojan a los ojos
un cubo lleno de luz.

Fragmento 4

Todo cristal ansía
dividir lo que existe en dos mitades,
pero el vidrio se rompe y el vacío
reclama la succión de ese agujero.

Ahora el mundo se ve con desconfianza,
aquello que está delante
es siempre un territorio inalcanzable.
Hoy en todo se ve su incertidumbre,
son caminos idénticos el que va y el que vuelve.
Ir   o   venir
es solo la ilusión del caminante.
Y mientras decidimos el destino,
más que la soledad duele el silencio
porque se nutre de él lo que dejamos.

La vida nos desgarra con su hediondo colmillo
—el mismo que el sol usa para alumbrar a veces—
y allí quedas perdido en un espejo
en donde lo imborrable anhela ser tachado
para volver a ser impredecible, pero...
disponerse a borrar en un espejo
se convierte en tarea inacabable.

Se nos rompe el cristal
y únicamente queda lamentarse.

En esta idolatría del fragmento
allí sigues perdido ante ti mismo,

viendo las explosiones
alumbrar todo aquello que se apaga,
con la vida entreabierta,
arrancándote esquirlas de los ojos cerrados.

«Llevo el fragmento en la sangre».

Fragmento 5
La verdad o la vida

«Necesitamos referirnos a la verdad al menos por oposición a lo irreal, a lo inexistente, la ilusión, las invenciones o alucinaciones, los engaños o las fantasías».

SANTIAGO TRANCÓN PÉREZ[5]

I ¿LA VERDAD?...

La verdad suele ser áspera,
la mentira siempre viene lubricada
y se lanza a los ojos investida
de su gran resplandor.
Todas las pretensiones de los hombres
llevan bajo su máscara la pólvora
que ansía detonar.
Hay bajo el bombardeo unas trincheras
donde se va pudriendo la razón.
Las voces del futuro nos disparan
intentando imponernos su verdad.
En esa realidad indescifrable
—en donde se alimenta un torbellino—
no encontré ningún dios capacitado
para hacer que su verbo sea creíble.

Creer una mentira es construir cimientos
encima de una sombra,
es levantar un dique que entorpece
que el dolor se libere muy de golpe,
descubrir escondrijos para que la evidencia
se oculte tras los nombres malgastados.

Todo lo que es humano exige precisarse,
fijarse a una verdad que sostenga los márgenes
de aquello que creemos nuestro mundo.
Tal vez necesitemos referirnos
a una verdad que al menos
—como nos dice Trancón—
no se oponga de una forma violenta a lo irreal.
¿Pero qué es lo irreal?,
¿lo inexistente?,
¿las alucinaciones,
la ilusión, los engaños?
¿Son una irrealidad las fantasías?
¿Es ficticio el recuerdo de lo que se ha perdido?
Porque también las pérdidas
se disfrazan con nombres,
pues todo lo que existe y lo que falta
ansía ser nombrado para ocupar un sitio.

Hasta para el exilio hace falta tener un pasaporte.

II ¿O LA VIDA?

«Es necesario que aprendas a conocerlo todo, tanto el inconmovible corazón de la verdad como las opiniones de los hombres. A éstas no hay que concederles ninguna convicción verdadera».

PARMÉNIDES DE ELEA

No es posible reinar sobre las pérdidas.
Es necesario aprender a conocerlas,
descifrar los latidos de ese inconmovible corazón
que se refugia en lo que ya no existe. Sin embargo,
lo que se pierde anhela personarse,
exhibirse, surgir de entre las ruinas
vestido de verdad incuestionable.
Todo quiere estallar al mismo tiempo
bajo su microscópica apariencia.
Lo extraviado se oculta entre las explosiones
de un músculo que late sin motivo.

La vida, a veces, sobra.
En eso que se pierde hay demasiada pólvora
para abatir a un ser tan indefenso:
el pobre corazón inconmovible
de un futuro abortado en cada empeño.

No es posible reinar sobre ese territorio
habitado por la suma de cuanto hemos malogrado.

La verdad suele ser áspera
cuando quiere mirarnos a los ojos,

cuando apaga la voz de ese profundo hipócrita
que todos escondemos muy adentro.

Y de pronto la vida se desnuda
por simple «oposición a lo real»,
se vuelve verdadera e inapelable
en la pulsión del ser hacia la muerte,
donde cada pregunta que se acierta
descubre un infortunio en la respuesta,
donde buscan refugio las mentiras
cuando truenan las voces del destino
sin importar que sean verdaderas,
invenciones, quimeras, fantasías,
pues en lo que se pierde
vive una realidad irrebatible.

Fragmento 6
Un temporal de sol

Para María de Álvaro

El fin del mundo, en cualquier época,
en cualquier sociedad y religión,
siempre es un inmenso apocalipsis,
un final catastrófico y violento,
erupciones, tormentas, explosiones,
choques de meteoritos, fuego y sangre.

Sin embargo, tal vez ya esté ocurriendo.
Es un fin apacible.
Un temporal de sol un día tras otro,
altas temperaturas, puestas de sol hermosas,
esta luz otoñal que exprime las esencias
del color del oeste.
El rojo es el color con el que la luz se enorgullece.

Todo parece idílico y tranquilo,
amable con nosotros.
El fin del mundo puede estar produciéndose
de este modo tan dulce y amansado.
Sin notarlo, la vida irá secándose
y solo quedará un paisaje yermo
cubierto de esqueletos y de moscas.
Mil millones de insectos
que vivirán durante mucho tiempo
a costa de los despojos.
Ha llegado el invierno y no había visto nunca

esta invasión de moscas en la casa,
cagando en todas partes.
También están ahí,
detrás de los cristales acechando
la mínima rendija para poder colarse.
El día invita a abrir los ventanales,
pero la plaga negra
intentará dejar sus excrementos
en las fotos, las lámparas,
en todos los espejos, aquí, sobre el teclado.

Tal vez el fin del mundo no venga precedido
de ningún estruendoso cataclismo.
Quizá solo consista en esta insoportable
e incesante salmodia del vuelo de las moscas
y todo quede oculto bajo sus deyecciones.

Así será como termine el mundo:
no con un estallido sino con un zumbido[6].

Nada nos pertenece y nada nos aguarda.

Al otro lado de este cristal escucho
esa misma verdad que siempre acecha
y codicia lo único que nos mantiene erguidos.

La lengua de un insecto
nos traduce el idioma de las manchas.

Voy sacando los trastos de limpieza
y ordenando el taller del relojero.

Fragmento 7
Derivadas e integrales:
«Los hombres huecos»

«Una integral es una generalización de la suma de infinitos sumandos, infinitesimalmente pequeños: una suma continua».

WIKIPEDIA

Algo siento en mí y no es mi vida.
Algo se enrosca en mí y no es tu vida.
Pero no necesito explicaciones.
Vomito los recuerdos
como quien ha tragado una herramienta
tan henchida de óxido
que ha olvidado ya para qué sirve,
tan miserablemente inflada de gerundios
que no ha aprendido aún cómo llamarse.
En esta enfermedad de la retórica
se contagia el amor de matemáticas.
La *derivada* mide los límites del cambio
mientras el intervalo de tiempo tiende a cero.
Infinito universo de lo enorme...,
el mundo incalculable de lo mínimo...
y también lo finito del antes y del después,
todo es incognoscible
en la suma continua que nos resta.

Lo inmenso y lo minúsculo son igual de invisibles.
Resuelvo la *función* que nos aqueja
y el resultado es siempre un número irracional.

Nosotros no podemos expresarnos
en forma de fracción.
Las cifras decimales no periódicas
—de manera infinita e interminable—
señalan siempre aquello que nos falta
y que nunca podremos completar.

Somos —como dijo Eliot—
tan solo unos hombres huecos y rellenos de serrín.

Fragmento 8

«Las cosas invisibles son las únicas realidades».
WILLIAM GODWIN[7]

Se avecina el eclipse
que emborrona las huellas que pisamos.
Su ojo ennegrecido nos golpea
y ansía abrir un hueco entre los párpados.
No te resistas nunca al golpe del martillo,
es imperioso tener la lucidez que hay en el clavo.
El francotirador ya nos apunta.
Su bala está buscando el sitio exacto
que no haya sido herido aún por el dolor.

No hay nada más urgente que esperar
a esa sombra que siempre nos persigue.
Apuremos el paso
para alcanzar a la que nos precede.
Paremos un instante:
lucidez,
ese lugar del que jamás se vuelve
sin heridas.

Fragmento 9
31 de diciembre

«Nadie ofrece tanto como el que no va a cumplir».
FRANCISCO DE QUEVEDO

Esta noche millones de personas
—sin saber muy bien por qué ni para qué—
se van a amontonar a comer fruta.
Dirán que se celebra
que este universo temporal se acaba
y se inflamarán viendo cómo un fugaz instante
deviene en otro igual de efímero y absurdo.
Exactamente igual.
Hace apenas dos meses que cambiamos
de una forma arbitraria
la hora que giraba en los relojes.
Eso que se llama humanidad
se fue gestando paulatinamente,
sin organización, ni partición, y sin horarios.
A lo largo de nuestro corto tiempo
—la humanidad no es más que un microinstante
en el incógnito vagar del universo—
hemos cambiado tal cantidad de veces
la forma de medirlo
que esta parafernalia se convierte
en un relativismo más bien ñoño.
Y seres que a sí mismos se llaman racionales
se congregan en el gran aquelarre
de un pueril animismo
que los hace creer que comer fruta

al ritmo de unos golpes arbitrarios
les cambiará la vida en el imaginado
—y también arbitrario— tránsito que comienza.

Y todos los periódicos y las televisiones
contribuyen a esta pantomima
con el mismo fervor.
«Hacemos el balance de lo bueno y malo
cinco minutos antes de la cuenta atrás».
Quizá tenga razón toda esa barahúnda
y sea mejor vivir en la ilusión.
Para burlar la muerte
se les ha construido este inmenso entramado.

¡Quién pudiera vivir en el engaño!
Tal vez tengan razón y la vida sea eso:
creer el propio engaño, crear el propio engaño.
Juro haberlo intentado,
he hecho mi balance de lo bueno y malo.
Incluso muy atrás, retrotrayéndome
hasta un tiempo perdido.
Lo único que encontré —y es verdadero—
es esta luz solar en los objetos.
El sol, nuestro cronómetro...
Es posible que el sol, ya desde entonces,
esté formando parte de mi engaño y solo queden
«cinco minutos más para la cuenta atrás»,
para que la felicidad nos sobrecoja
y la vida, otra vez, recomenzando,
se postre ante nosotros, nos conceda
—hoy por fin—
lo que hasta hoy nos ha negado siempre.

Platón olvidó decirnos que el mito de la caverna
no se termina al salir, pues el mundo inteligible
no es más que otra proyección.
Sombra de luz, sombra oscura...
Todo lo que es importante
sucede a nuestras espaldas.
Por fin hemos conseguido
—parafraseando a Aldo Pellegrini—
que este mundo sea un lugar más habitable
solo para los imbéciles.
«Marineros, soldados, solteros, casados,
amantes, andantes...».

El cielo estalla en fuegos de artificio.
«Los petardos que borran sonidos de ayer...».

Un año entero más para la cuenta atrás.

Nunca nadie ofrece tanto
como el que no va a cumplir.

Fragmento 10
La geometría del azar

Damos nombre al azar y lo llamamos suerte
esas escasas veces que coincide con las expectativas
que previamente fuimos construyendo.
Olvidamos la probabilidad,
esa parte del juego que no se agota nunca,
pues se renueva intacta cada vez que los dados
ruedan sobre el tapete.
Así, mientras están en movimiento,
podemos tener fe o incertidumbre
y así vamos viviendo,
arrojando los dados
hacia atrás,
                    adelante,
a un lado,
                    al otro,
una vez y otra vez,
todos los días,
y no nos damos cuenta:
lo único que de verdad está ocurriendo
delante de esos ojos asombrados
                    es el juego.

No existe otra certeza.

Fragmento 11
24 de julio de 2013

Un Talgo descarrila tres kilómetros antes
de llegar a su destino. Mueren ochenta personas.
La catástrofe se convierte en el segundo
accidente más grave del país.
Los investigadores recolectan
material esparcido por las vías.
La policía científica hace fotos
del dantesco escenario.
Los forenses recogen trozos desperdigados
de antiguos cuerpos enteros.
Un robot de la empresa archive.org
rebusca en internet todo lo publicado
que tenga relación con el suceso
y lo deja archivado en un almacén virtual.

Nueve años más tarde alguien escribe en Google:
«billetes de tren baratos».
Los primeros resultados de la búsqueda
son del descarrilamiento.

Todo lo que se escribe en internet
desaparecerá algún día,
se irá diluyendo lentamente
como palabras escritas en un antiguo fax térmico.
Y luego... un papel blanco,
una pantalla en blanco retroiluminada
sobre la que se puede seguir sobrescribiendo.
Y así infinitamente...,

sin que nada perviva de lo que se ha borrado,
sin que pueda excavarse debajo de la enmienda.

La flácida memoria de los bits...
La demencia senil del algoritmo...

Todo lo que sucede en nuestras vidas,
los acontecimientos más insignificantes,
los ridículos gestos despreciables
de unas vacaciones, lo que estamos comiendo...,
se convierte por obra de internet
—y de nuestro patético egotismo—
en el papel cuché de la existencia
que se regala en ruines mercadillos
sin que lo quiera nadie.

Todos nuestros afanes se consumen
como el febril deseo de un eunuco.
Cuántas veces lo idéntico
produce efectos contrarios.
Y por mucho que intentemos eternizar lo fugaz,
la vida es una gran expectativa,
un vacío relleno de millones
de otras expectativas más pequeñas.
Nos hemos transformado en vulgares parodias
de una teleserie latinoamericana,
los tontos personajes predecibles
en un guion de Netflix.

Cuanto más trabajamos
por hacer admirable nuestra vida,

la convertimos en más imperceptible.
El ser humano incrusta su ADN
en todo cuanto hace o planifica
porque en la imaginación
no se contempla el fracaso.

«ADIF encarga unos trenes
que no caben en sus túneles»[8].
Demasiado gordo el tren para tan delgado túnel,
qué excelente metáfora sobre la vida misma.

Todos somos turistas en un extraño
tren que conduce la muerte
donde ningún viajero tiene nombre.

«Billetes de tren baratos»...

Morir es mucho más caro.

Fragmento 12

A nacer lo llamamos «dar a luz», pero muy pronto
la magia se convierte en excremento
y empezamos a ser solo las sombras
de las agujas de un reloj que atrasa.
Llegar a cierta edad marca el momento
de recoger los frutos de las pérdidas,
recolectar cadáveres a diario,
devolver a la tierra las lombrices
que vivieron ocultas en todo lo que amamos.

Lo perdido se muestra ante nosotros
cada día, cada noche se agarra a nuestro sueño,
resiste en los lugares enigmáticos ocultos a los ojos
igual que una amenaza que no se ha presentido.
Los hongos y bacterias cobran vida
sobre la carne muerta.
Lo que cultivo ahora con esmero
es un jardín sembrado de osamentas
y lo podan las cuchillas
que giran marcando el tiempo.

Sin embargo, abrimos nuestro circo cada día.
Nos pintamos la cara de payaso,
reímos con la parte convexa de la máscara.

Por fuera el espectáculo es brillante, pero dentro
todos los magos tienen la chistera
cagada por conejos y palomas.

Fragmento 13

«Nada suele ser más difícil que no fingir comprender».
NICOLÁS GÓMEZ DÁVILA[9]

El desorden se nutre en lo incesante.
La única manera de sobrevivir que tiene el caos
es agitarse.
Cuando no hay movimiento se hace orden.

Hay días en que somos un Aleph:
un punto del espacio que contiene
todo nuestro universo conocido,
el lugar donde están sin confundirse
todo lo que ya hemos visto
en cualquier otro tiempo y, sin embargo,
fingimos no comprender.

Fragmento 14

«Suelo llamar a este pensamiento «ciego»: se lo utiliza no sólo en el álgebra sino también en la aritmética, y casi en todo».

G. W. LEIBNIZ[10]

Heidegger nos hizo andar desnudos
en un mundo sin ventanas
y Leibniz describió un alma que no tenía ventanas.
Tal vez por eso hoy pensamos
que el ser, en nuestro egoísmo,
—y también porque está ciego—[11]
no necesita ver lo que está fuera.

Pero todas las ventanas
miran también hacia dentro,
oscuridad y luz en su alternancia...
y solamente un vidrio las divide.

La realidad ocurre en ambos lados.
La ventana es un cambio de frontera
transparente y farsante
que a veces desde fuera nos refleja
y nos promete un cielo cristalino
donde solo se va a encontrar la muerte.

Un cielo reflejado que por detrás se aleja
cuanto más se aletea hacia el desastre.

Vida y muerte ocurriendo en ambos lados
y los dos engañándose con astutos disfraces.
Es por esa razón que en ocasiones
hemos de recoger en la otra parte
el cadáver de un ave desnucada.

Fragmento 15
Alicia ante el espejo

Hace nido en el espejo
todo aquello que perdimos.
Mirarlo es ponerse a hurgar
en un almacén de ojos,
es... como guardar lo que amamos
en un arsenal de huecos.

Hay seres que se rinden al reflejo
como fugaz refugio en la desdicha.
Pero cuando se miran al espejo
solo ven el desguace de un artilugio roto
con trozos esparcidos por el suelo.
Luego, qué difícil es volver a encajar las piezas
de ese absurdo mecanismo.

No hay relojero que valga.

Fragmento 16
Ofertas del catálogo

I

Los dioses nos ofrecen un catálogo
de sus mundos posibles.
Solo ellos son capaces
de pensar estos mundos imperfectos,
heterogéneos, vacuos, inestables,
incompresiblemente matemáticos,
donde las propias leyes
que dicen controlar el universo
destruirán la oferta y acabarán con esta tiranía
de sus esperanzas.

La tentación de hacernos inmortales
nos urgió con preceptos
que no pudieron ser obedecidos.
Ahora la humanidad observa entusiasmada
cómo ante sí desciende un reino de los cielos
que no estaba en sus planes.

Ante los ojos arde lo que amamos, pero el humo
impide describir tanta desdicha.

Lloramos de impotencia.

Somos tan solo sombras de otras vidas
—igual que los recuerdos—
que pueblan la trastienda de la frente

y se hacen perceptibles desde un largo destierro.
Siempre las mismas víctimas vuelven a aparecerse.
Reunimos de nuevo todas las pertenencias
para que al fin el fuego las iguale,
para que al fin el humo las confunda,
para que nuevos dioses nos perdonen.
Arde lo inteligible y lo ilegible,
arde lo que es vulgar y arde lo abstracto,
se calcinan los sueños como un pajar en llamas
que ilumina y señala todo lo que escondimos
para que nunca fuera descubierto
ni nos pudiera ser arrebatado.

Ante un dios tan enérgico
depositan su ofrenda los humanos
mientras una tormenta ya calcula
cómo mezclarlo todo
con la más implacable indiferencia.

II

Elegimos la oferta del catálogo
e instauramos un mundo para el hombre
y otro mundo —alejado— para el hambre,
un mundo para creer
y otro exactamente igual para el olvido.
Hubo un mundo para amar,
pero no hubo ningún otro
para poder ser amados.
Todos eran incompletos.

El poeta, como recomienda Ponge,
trabaja con los fragmentos.
Nadie se paró a pensar en construir un espacio
en el que se entrelazaran sin tener que desdecirse.

De la punta de un lápiz
va creciendo un reproche hacia el silencio.
Mientras rasca el papel se desvanece.
Las palabras escriben
sus tratados de paz incomprensibles.
Un polvo de grafito nos anuncia
el final de lo que está naciendo.

El mundo, desde que existe,
nunca funcionó tan mal.
La inclemencia que trajo la tormenta
tiene una precisión inexorable.
¡Dónde vive el relojero!

Fragmento 17
¿La gota que colma el vaso, o aquella que lo vacía?

Predispuestos a ensalzar la gota que colma el vaso,
olvidamos con desprecio la gota que lo vacía.
Ya nos los dijo Machado:
no pretendamos que el vaso
rebose antes de llenarse.
Y aun así siempre es posible beber la copa vacía
y que el fulgor de lo que ya no existe
siga siendo capaz de emborracharnos.

Nos rodea lo desapercibido
y no se ve afectado por nuestra indiferencia.
Habitamos en esa septicemia corrosiva
y partimos de cero con la virtud intacta,
con los fracasos y la gloria intactos,
abrazados al remo del azar,
saciados con el agua de sus golpes.

La rotación comienza, la dilución comienza,
comienza la abrasión, sonríe el óxido.
El anverso y reverso de las cosas
—lo mismo que en un juego de palabras—
se funden, se despojan,
se hacen densos y líquidos.

Ya no hay separación...
y se separan,
deja de haber trayecto...
y colisionan.
El intervalo se convierte en túnel
y el túnel se hace mina a cielo abierto.
Florece el abandono y se alimenta
de la raíz que aún queda en lo perdido.
Somos espacio y forma, tiempo endeble,
pero seguimos sin saber qué es lo que existe
entre lo que ya no está y lo que aún no está.

La ausencia quiere volver,
pero hoy no sabe adónde.

Y yo me abrazo a lo que ya no existe.
Intento reunir lo que he perdido.

Pero qué difícil es
seguir sobreviviendo a la abundancia.

Fragmento 18
El ojo incalculable (I)

La muerte es de esas cosas
que no atiende a advertencias ni a amenazas.
Es la vida quien puede con nosotros,
no la muerte,
es el sometimiento a sus dictámenes,
la domesticación que nos posibilita
estar sobreviviendo en un mundo de estúpidos
con este olor a frío y a distancia.

Y el ojo incalculable...

El ojo incalculable posado en lo que somos
para fabricar lluvia con las manos atadas.

El ojo incalculable nos penetra.
Ni siquiera, ya muertos, podemos transcender.
No dejan que nos coman los gusanos,
esa forma que tiene desde siempre lo orgánico
de ser restituido a la naturaleza,
pasar de un ser a otro,
ser pájaro, ser árbol..., o ser mosca,
o una brizna de hierba para que lo de Whitman
vuelva a tener hoy algún sentido.
Nos meten en cajones de cemento
donde la muerte muere sin servir para nadie,
o nos queman a tal temperatura
que ya no queda nada, ni materia ni alma.
Ni siquiera es de nadie esa ceniza

que se lleva en la urna para honrar a la ausencia.
Y la vida, cuando se sabe esto,
se llena de un candente olor a miedo.

Se han parado de golpe los relojes
y al mago–relojero se le acaban las pócimas.
Su taller ya no tiene la herramienta
que pueda repararlos.
Y aunque Ponge siga ahí desgañitándose
diciendo que nunca el mundo
—ni tan solo un segundo—
ha detenido su funcionamiento
misterioso e inútil,
también es cierto que dice:
«nunca el mundo del espíritu
ha funcionado tan mal».

Los fragmentos no encuentran acomodo
dentro de la maquinaria.

Existir —ahora lo sé—
siempre ha sido una idea excedentaria.

Fragmento 19
El ojo incalculable (II)

Es hora de desmontar la tramoya de los sueños.
Meterla en una bolsa de pan Bimbo,
cerrarla con un nudo en el pescuezo
—igual que con los restos de pescado—
para que no desprenda su olor indeseable
cuando se tardan días en tirar la basura.

Ha llegado la hora de salir a la calle
y sumarse al siniestro desfile de los zombis,
al caminar estéril de millones de seres replicantes
donde, otro día más,
seguiremos pasando inadvertidos.

Todos somos dibujos bajo un papel de calco,
los hijos de un facsímil,
nietos de la matriz de un aguafuerte.

El ojo incalculable nos vigila.

Anuncios luminosos inundan las ciudades
donde deambulamos
y en todos aparece el mismo eslogan:
Lo que esperasteis hoy vendrá mañana.

La casa del dolor abre sus puertas.

El ojo incalculable cierra el párpado.

Fragmento 20
El ojo incalculable (III)
La aprendiz de relojero pone su reloj en hora

I

El ojo incalculable de la muerte
piensa en mí y me lame las heridas.
La inútil aprendiz de relojero
me abraza ensimismada en el encuentro.
Brilla la cobardía ante la incertidumbre
mientras voy mansamente
dejando que la vida se diluya.
Los dedos temblorosos
hurgan entre las llagas del futuro
y ya no encuentran nada, un intervalo apenas
abierto entre dos luces, la firme mordedura
de algo que me empuja desde dentro
y me es desconocido
en su desconcertante anomalía.

Crece un amor extraño por las cosas
que aún no tienen dueño
y que seguramente ya nunca lo tendrán.
Conversemos —le dije—, pero serenamente,
fuiste brusca en las otras tentativas.
Ya no hay prisa,
para ti un cuerpo más no importa nada.
Has fallado tres veces,
¿cuántas más vas a intentarlo?

Quedamos atrapados de repente
en un silencio vítreo,
como si la estructura del instante
pudiese fracturarse con palabras.

Me acerco hasta su oído e intento de memoria
repetir las palabras de la cita
que da inicio a este libro:
Nunca el mundo, desde que el mundo es mundo,
ha suspendido su funcionamiento misterioso.
Nunca el mundo del espíritu
ha funcionado tan mal.
La función del artista está muy clara:
debe abrir un taller y repararlo
tal y como le llega: por fragmentos.
Pero no debe por eso considerar que es un mago,
sino sencillamente un relojero.

¿Dime, muerte, qué vienes tú a reparar?

II

Cada vez que nuestra vida
se hace preguntas enfrente de un espejo,
las respuestas suelen desembocar en el asombro.
Aquello que se sabe sin la menor duda
empieza a no tener alternativas.
El proyectil de la muerte
menosprecia las interrogaciones,
se fija únicamente en lo corpóreo.

Algo cambia de sitio y algo queda
en el instante mismo en que partimos.

Ahora muere a mis pies la luz exhausta.

Las velas consumidas,
la cera como un lago congelado.

Esta vieja aprendiz de relojero
mide el tiempo con artes muy antiguas.

III

La muerte está rellena de carcoma.
Va dejando un reguero de serrín a su paso
como sangre que anuncia las heridas.
A partir de esta noche no voy a saber cómo
darle nombre otra vez a tanta sombra.
En su profundidad hay una hipótesis
que construye los planos de unos sueños
que ya se han derrumbado.
Tal vez porque el diagnóstico de lo que se soñaba
había nacido lleno de metástasis.
Tal vez por eso nadie quiso darles nombre.
Tal vez porque la muerte no concede
ni prórrogas ni pausas ni alegatos.
Tal vez por eso fueron arrancadas
las cruces de las tumbas de los niños,
tal vez porque se duermen abrazados
a unos peluches que nacieron muertos.

IV

En el mundo que crean los que duermen
nacen pequeños cuerpos de juguete,
borrosas fotocopias, manuscritos
que se van deshaciendo como hileras de lluvia
cuando ven acercarse la mañana.
Son fragmentos oníricos que nos agujerean
y nos llenan de símbolos raídos.
Sueños sin levadura y descatalogados
que se quedan en una estantería
de cristales borrosos
y se van asfixiando como flores metidas
dentro de un bloque de metacrilato.

Puede que únicamente sean augurios
y no sepamos cómo interpretarlos.

Seguimos intentando en cada sueño
reparar nuestro mundo por fragmentos.
Un relojero esparce las entrañas
de un reloj destripado debajo de su gran lupa.

Hasta los despertadores
sufren aparatosas pesadillas.

V

En la prolongación de cualquier muerte
hay simultáneamente rendición,
resistencia,
asentimiento.
Lo que queda de vida se debate
entre ablandarse o endurecer la herida
con un tejido cicatricial fibroso
que se vuelve insensible al dolor que reviste.

De pronto se esfumaron las respuestas
porque ya no hay preguntas a las que dar sentido.

Lo que queda en nosotros
es solo la orfandad de los recuerdos.

La vida va pasando
al ritmo en que los cuerpos insepultos
se deshacen debajo de la lluvia.

VI

EL FINAL DE LA PELÍCULA

«Los actos generan consecuencias que generan nuevos mundos que son distintos. Cuando un cuerpo se entierra en el desierto se crea un mundo. Cuando un cuerpo se deja para que lo descubran crea otro. [...] El mundo en el que usted pretende enmendar los errores que cometió es distinto del mundo en el que se cometieron los errores. Ahora está en la encrucijada y usted desea escoger, pero ya no hay nada que escoger. Solo puede aceptar. La elección se realizó hace mucho tiempo. [...] Usted es el mundo que ha creado y, cuando deje de existir, ese mundo que ha creado también dejará de existir, pero para aquellos que han comprendido que están viviendo los últimos días de su mundo, la muerte adquiere un sentido distinto. La extinción de toda realidad es un concepto que ninguna resignación puede abarcar. Y entonces todos los grandes designios y los grandes planes quedarán por fin expuestos y se revelarán como lo que son. [...] Y eso se debe a que en el sufrimiento no se aplican las reglas de intercambio habituales, porque el dolor trasciende el valor.

Un hombre entregaría naciones enteras por borrar el sufrimiento de su corazón y, sin embargo, nadie puede comprar nada con el dolor, porque el dolor no vale nada».[12]

RIDLEY SCOTT. *El consejero* (2013)

Ahora somos expertos
en la premonición de nuestros cataclismos,
tañemos las campanas que anuncia el desastre
y la extinción de toda realidad, sin embargo,
dejamos que en la tierra el tiempo fluya
ajeno a la estruendosa miseria que instauramos.

Cada acto genera un nuevo mundo.
Cuando un cuerpo se entierra en el desierto
crea un mundo, pero cuando ese cuerpo
se abandona, insepulto, para que sea encontrado
creamos otro mundo.

Dos mundos y un mensaje diferente.
Cualquiera de los dos puede existir.
«El jefe» nos lo recuerda:
ese mundo en el que pretendemos
enmendar nuestros errores,
hoy es distinto del mundo
donde se han cometido esos errores.
Quisiéramos escoger, ensayar otras opciones,
pero ya no es posible repararlo.
Esa elección ha sido realizada
en aquel otro mundo ya pasado.
En cualquier caso, todos deberíamos

prepararnos un rincón donde poder dar cobijo
a esas tragedias que antes o después
llegarán a nuestra vida.
Pero esa es una inversión
que muy pocos van a hacer.
Todos somos el mundo que nos hemos creado,
y cuando dejemos de existir
también lo hará ese mundo que creamos.

¿A qué estaríamos dispuestos
para evitar el dolor que nos aguarda?
El ojo incalculable nos responde:
«Un hombre entregaría naciones enteras
por borrar el sufrimiento de su corazón»,
pero con nada puede intercambiarse
porque nada se puede comprar con el dolor.

«El dolor no vale nada».

VII

Esto sucederá,
sucederá.
No lo veremos.
El ojo incalculable se ha cerrado.
Desiste el relojero
de intentar encontrar los mecanismos
que encajen uno en otro
para salvar al mundo de sus propios verdugos.

Somos emperadores en un reino esquilmado
incapaces de oír lo que el silencio grita,
incapaces de ver lo que los ojos ciegan.

¿Por dónde comenzaríamos
a reparar un mundo tan deforme?

¿Cómo expresar con palabras
el silencio que nos nombra?

Un reloj de pared averiado
da las doce campanadas.

Francis Ponge se equivocó.
Hubiese sido mejor ser mago que relojero.

2.ª PARTE

EL RELOJERO DEL SER
(Cuerpos de Lewy)

Los cuerpos de Lewy son depósitos anormales de una proteína llamada alfa-sinucleína que se encuentra principalmente en el cerebro, específicamente en las terminaciones nerviosas presinápticas. Los investigadores no conocen exactamente por qué se forman estos depósitos, pero saben que juegan un papel crucial en enfermedades neurodegenerativas como el párkinson y algunos tipos de demencias. Los pacientes afectados por cuerpos de Lewy pueden presentar fallos de memoria para hechos recientes, desorientación espacial, fluctuaciones del nivel de alerta; es habitual que haya episodios transitorios de mayor confusión que pueden oscilar a lo largo del día o de un día a otro. También presentan alucinaciones visuales. Los pacientes pueden ver animales, personas o cosas que en realidad no existen. Se observan síntomas parquinsonianos: lentitud de movimientos, rigidez, temblor y/o lentitud para la marcha, con arrastre de los pies al caminar. Alteraciones del sueño: la persona habla, grita o realiza movimientos con los brazos como si estuviera «viviendo» el sueño. Esta alteración se conoce como trastorno de conducta del sueño REM y puede aparecer varios años antes que el resto de síntomas típicos de la enfermedad. El TCSREM también puede ocurrir en la enfermedad de Parkinson. Algunos pacientes presentan también otras manifestaciones, como ideas delirantes o síntomas depresivos.

1.ª PARTE

ANIMAL INDECISO

«Nunca conoció más que los proyectos parciales, los trozos y los grados, y la impresión de lo que hizo es muy diferente a la de una cosa entera y acabada, y solo conoce de su perfección los planteamientos, [...] se convertía [...] en un animal indeciso, un ser que no se puede definir por las circunstancias mismas».

PAUL VALÉRY[13]

Las formas inexactas

El álgebra del sueño y la aritmética
que inyecta su veneno en la memoria.
La existencia en la silla de ruedas del lenguaje.
El álgido misterio que habita en su grafía,
su abstracta condición de irreversible.
Esta vida ontológicamente despreciable.
El gesto pertinente
para el advenimiento del desastre.
Las fábricas de cosas imposibles,
los vertederos de formas inexactas,
un manantial de nombres inconcretos,
el nudo que reúne las vidas malgastadas.
Las lágrimas que viajan en los coches usados.
El choque que produce el abordaje
de una vida hacia otra, el horizonte
en el que ambas son aún la misma cosa.
La geometría de una mirada obscena,
la lágrima perfecta, el ojo cónico.
El dolor que se oculta detrás de una apariencia.
Los cuerpos que limitan al norte con su espíritu
y al sur con unas sombras
que pronuncian su nombre.
El amor que limita con su propio reflejo
al este y al oeste
de un corazón volcado en un desierto.
Los proyectos parciales de unas cosas
que nunca están enteras ni acabadas.
Todo lo que no puede definirse
por sus propias circunstancias.

Esos pluscuamperfectos animales
indecisos, parciales, expulsados
del álgebra del sueño y su aritmética.

El fósforo mojado

Piensa demasiadas veces que la vida solo es
una caja de fósforos mojados,
y aunque haya ciertos días
que por un milagro ardan,
sus cenizas se enroscan hacia el fondo del vértigo
dentro de un torbellino de nostalgia.
En su epicentro es un simple objeto
que gira alrededor de un mundo sin conciencia,
en un espacio inerte y desdeñoso.

Hay que volver a enmadejar el hilo
de este fuego inmoral que la consume
mientras la vida fluye como un chorro de orina
que sin querer se escapa entre sus muslos.
Es repugnante y cálido de forma simultánea.

Un eterno retorno
se congrega extramuros de los días
aferrado a los restos de su anterior naufragio,
pero ella sobrevive
ajena ya a aquel tiempo iluminado
solo por fuegos fatuos,
en el límite siempre de la desnutrición.

Ahora que todo ha ardido en ese yermo
lo descubre: es la hija del humo y la ceniza.

Montale dijo que Borges era capaz de meter
el universo completo en una caja de fósforos,

pero ella sabe que es
la fatua emperatriz de la intemperie
que no tiene ni siquiera una caja de cerillas.

Mira la vida pasar cubriendo el miedo con frío.
Mira la muerte venir
con esa elemental simplicidad
que convierte hasta el dolor en un lugar habitable.

Ojos de hacha

«El pesimista debe inventarse cada día nuevas razones de existir: es una víctima del "sentido" de la vida» .

EMIL CIORAN[14]

Va desarmando el árbol pieza a pieza,
desmembrando ese espíritu celeste
que hunde en el silencio sus raíces.
Deja correr su savia y va precipitándose
por la oscura pendiente de este tiempo tan cínico
que los une a los dos en la tragedia
«víctimas del sentido de la vida».
No son ni cosa entera ni acabada,
hembra y ser mitológico, los dos arborescentes
y presos del pasado y del destino,
dos seres convertidos en proyectos parciales,
expulsados de la más simple idea
de plenitud o indulto. No les han dado un nombre
que pueda definirlos, son dos calcomanías
pegadas a un futuro que no les pertenece.
No son más que los síntomas de las enfermedades
de los que ya no saben creer en nada, fragmentos,
ensayos de bocetos descartados,
dos viejos animales indecisos,
inconcretos, parciales, pesimistas
que conocen solo el hambre.

Salvar las apariencias

«Yo soy yo y mi circunstancia, y si no la salvo a ella no me salvo yo. [...] En la escuela platónica se nos da como empresa de toda cultura, ésta: "salvar las apariencias", los fenómenos. Es decir, buscar el sentido de lo que nos rodea».

JOSÉ ORTEGA Y GASSET[15]

Intentará «salvar las apariencias»
y buscará «el sentido de lo que nos rodea»,
pero ya no es posible salvar las circunstancias.
Y si no las salva a ellas tampoco se salvará
—como dejó escrito Ortega—.
Si ella es sus circunstancias, ¿qué quiere Valéry
que comprenda este animal indeciso y angustiado
con «un ser que no puede definirse
por las circunstancias mismas»?

Pieza a pieza desarma el mecanismo
—hembra y ser mitológico,
los dos arborescentes—
y estudia los minúsculos detalles
que la hacen seguir viva incluso en esa escala
donde habita lo ínfimo, en esa incertidumbre
de las pequeñas cosas que resultan inútiles
por su insignificancia.
Existe como ese árbol, como las hojas o el musgo,
es de esos seres sencillos que pueblan el universo
y viven sin hacer ruido
hasta que un hacha los mira.

Fuego prestado

Ir desarmando el árbol pieza a pieza,
llegar hasta el final de su desdicha
para ver que los dos tan solo son
un montón de monedas dispersadas
de tan poco valor que nadie se detiene
a recogerlas. Y así, en tal levedad, se precipitan
mientras se van haciendo de piedra en la caída.
De ese modo se transforman: fósiles sin vestigios
de lo que en otro tiempo tal vez fueron,
una línea quebrada
que ensarta el corazón de la memoria.

De repente la vida le hace darse cuenta
de su insignificancia.
Pieza por pieza inicia su recuento,
hay cosas de la vida que únicamente pueden
contarse con los números
y otras que hay que contarlas con palabras.
Narración..., sumatorio..., astillas por el aire,
piezas que sobreviven al desgaste del tiempo
pero serán cenizas sin sentido y estériles.
Pretende quedar bien con el pasado,
inventa sus recuerdos
aunque haya que meter una termita
dentro de la memoria.
Y de nuevo la vida le hace darse cuenta:
sus recuerdos son pájaros que arden
dentro de un fuego prestado.

Narración y sumatorio

El presente es una lluvia transitoria,
un hermoso —y terrible— fenómeno atmosférico
que igual que le da vida puede ahogarla.
Es una copia borrosa, es como un papel de calco
desgastado por el uso.
Habitar sombras ajenas justifica cualquier vértigo.
Habitar la propia sombra da sentido a la caída.

Su realidad es la suma de todo lo que ha perdido
pero ella insiste en contarla.
Narración y sumatorio...
Rebusca entre las piezas dispersadas,
pero ahora ya no recuerda
el nombre que dio a esas cosas.
Se contempla a sí misma,
es la ruina que ha quedado
de aquello que no se nombra.
Narración... y sumatorio...
Solo es la recitadora de sucesos olvidados,
no hay que ser minuciosa en el recuento.
Emigran de la memoria
los nombres de cosas muertas.
Su cerebro es un vasto cementerio
y el infierno es tan exacto...
Muchas veces sus recuerdos
son un manojo de llaves
que ha encontrado por azar
sin saber qué puertas abren.

Así fue despiezando

«La realidad en sus multiplicidades es siempre uno y lo mismo en nosotros, lo vivo y lo muerto, lo despierto y lo dormido, lo joven y lo anciano. Lo primero se transforma en lo segundo, y lo segundo en lo primero».

HERÁCLITO, EL OSCURO

La vida es casi siempre prematura.
La muerte se le presenta como los buenos regalos:
con su hermosa envoltura embaucadora.
El tiempo es una llaga que siempre se gangrena
y los recuerdos son muñecos rotos
que al mirarse en el espejo
anhelan verse completos.

Así se va despiezando, poco a poco,
separando en dos montones
lo que está vivo y lo muerto,
lo que duerme y lo que vela,
lo que es joven y lo anciano,
el recuerdo y lo que olvida...
Uno en otro se transforma
al compás de su agonía.

Al final solo está enferma de silencios y de ruidos
que terminan viendo fuera
lo que ocurre en su interior.
Ella es ese silencio sin medida, la inmensa soledad
que corre únicamente en un sentido,
detrás de una tristeza ensimismada.

La llave que detiene o pone en marcha
el devenir exacto de este día
entra en la cerradura.

Un yo desconcertado
azuza la jauría de los tiempos.

La parte iluminada (1)

«La conciencia ilumina con su luz nuestro pasado inmediato; el resto permanece oscuro. En esta parte iluminada de nuestra historia es donde permanecemos situados en virtud de la ley fundamental de la vida, que es una ley de acción: de ahí la dificultad que experimentamos en concebir recuerdos que se conservarían en la sombra».

HENRI BERGSON[16]

Dejó escrito Ricoeur[17] que el recuerdo puede ser
leal o desfigurado, egoísta o desinteresado,
exculpatorio, fingido. Ricoeur también decía:
«Recordar es hacer algo». En el siglo XIX
Henri Bergson afirmaba que la memoria
es una forma de acción, que la conciencia ilumina
nuestro pasado inmediato,
pero el resto sigue oscuro.
Sus recuerdos hoy habitan
un presente desnutrido. Son edificios vacíos
construidos con los restos de material desechado.
Hoy intenta recordar lo que cree que ella fue,
pero también lo que hubiese
podido o querido ser.
Hoy tiene la memoria intervenida
por tantas emociones, ambiciones...,
pero también por deméritos
que siempre quiso obviar ante los otros.
La memoria no funciona porque quiera recordar.
En ella ya no depende de un acto de voluntad.
El recuerdo puede ser leal o desfigurado

pero quiere regresar, una vez más,
a reclamar sus cuotas de tristeza,
a ensombrecer esa parte
que él mismo había iluminado.

Los recuerdos la observan desde lejos
porque ignoran la forma de salvarla.
Cierra los ojos, mira
la oscuridad que arde y la consume.
Y allí se queda perdida..., ese animal trashumante
que ni siquiera el olvido acierta a poner en orden.

Lo que nunca explicó Bergson
del recuerdo y la memoria son las leyes
—tan insensatas— que rigen sus algoritmos.
Si la conciencia ilumina con su luz nuestro pasado
inmediato, pero el resto sigue oscuro,
¿por qué su dolor sigue quemándola
incluso cuando el recuerdo termina por apagarse?

La parte iluminada (2)

Ve delante de sí su cuerpo abandonado
igual que un flotador que se desinfla
lejos de cualquier costa.
Liberada de sí misma, tan ajena ya a sus hábitos,
acaba por convertirse en un residuo deforme
de un pasado muy reciente
que la conciencia ilumina,
pero el resto sigue oscuro.
Hoy los hechos que aún recuerda
de otro tiempo ya lejano
observan indolentes los charcos de la vida.
Su reflejo les dice lo que son sin mancharse:
maniquíes desnudos de un naufragio.

«Recordar es hacer algo»,
pero mientras se está ahogando
hay agua que es transparente
y agua que quiere ser turbia.
Hay otras realidades más allá de lo nítido.
Tal vez fuera mejor desenfocar,
ver cómo lo confuso resplandece.

Hoy la vida la embauca con sus fosforescencias.
Brújulas desnortadas,
animales enfermos de su desasosiego
se alimentan de un trozo iluminado.

La noria invertida

Ahora solo sabe construir nuevos futuros
con recuerdos de segunda mano,
un eco desperdigado de cosas mudas que giran
en sentido contrario al de una noria:
cogiendo el agua de dentro
y luego echándola fuera.

Y así continúa hozando en el barro de unos días
que ya nunca volverán, intentando que la vida
quepa en una hermosa caja.
Se empeña en seguir amando
aquello que ya perdió y lo único que consigue
es abrasarse delante de unos ojos incendiados.
No sabe que todo eso es una simple patraña
que se quema sin remedio ante tanto resplandor.
Ha olvidado que su vida
hoy son recuerdos prestados
vertidos en la memoria de quienes la conocimos.

A la verdad le gusta vestirse con andrajos.
La mentira se presenta
siempre muy bien adornada.

La memoria que le queda solo es una abreviatura,
va girando ante sus ojos
como un péndulo de hipnosis,
sacando la luz de dentro
y luego echándola fuera.

Naturaleza muerta (I)

«Los sustantivos se los inventamos a la realidad. Palpamos un redondel, vemos un montoncito de luz color de madrugada, un cosquilleo que nos alegra la boca, y mentimos que esas tres cosas heterogéneas son una sola y que se llama naranja. [...] Todo sustantivo es una abreviatura».

JORGE LUIS BORGES[18]

Dice Suso de Toro[19] que no hay sentido más frío
que la vista, que es el sentido más contemporáneo:
«Los mensajes que la vista lleva al cerebro
son mensajes incorpóreos, la pálida luz reflejada».
Casi todo en el mundo depende de esos órganos,
hasta el dolor anida al fondo de los ojos
como un cristal que arde.
Incluso el viento en ellos se hace sólido.

Sus ojos son la cárcel donde las flores secas
pastan sobre los muros, la mística azulada
que sueña con un bote de pintura,
el óleo que hace inerte el olor de una rosa,
el altar donde caen arrodilladas
las manos convulsivas
de una enferma de Parkinson.
Hoy un tazón de loza que tiembla entre sus dedos
le vuelve a hacer presente el artificio:
flores pintadas, mensajes incorpóreos,
cuerpos deslavazados dando tumbos
de una cárcel a otra mientras la luz eléctrica
—con toda su blancura demacrada—

derrama su gangrena sobre el ojo que corta
igual que un bisturí cualquier detalle.
«No hay sentido más frío que la vista».

El fondo se licúa. El primer plano abrasa.
Y ella extiende las manos intentando
volver a unir y hacer nuevo
aquello que ya se ha roto.
Pétalos por el suelo, la bolsa de basura
llena con los despojos que se caen sin remedio
de sus dedos temblorosos. Y allí mismo,
un limón que se pudre en su envoltura
de papel de aluminio refleja la miseria de su vida
mientras llama a la muerte por su nombre:
«pálida luz reflejada».
La brocha de un pintor ha decidido
cambiar de color al tiempo.
Otra realidad se oculta detrás de cada apariencia
mientras dos ojos sedientos
quieren beber los rescoldos
que han quedado de una hoguera.

Nada puede devolvérsele
ni al recuerdo ni al deseo
de aquello que le han robado.

Naturaleza muerta (II)

Cualquier cosa que ve ha sido previamente
arrancada de un todo.
Esa depredación no le perturba
porque intuye los trozos como entes completos.
Pero su mundo sigue siendo estéril,
se muestra ante la vista como un sueño,
instantes trastornados en su quietud inmensa,
privados de la magia que habita en su desnudez.
Quiere huir lo que ha ido desgajando
y es rehén de otro mundo inhabitable.
Huir no es una opción que la vida contemple
en sus cartas marcadas.
Lo eliminado vive en el vacío
que pinta en cada cuadro, en cada copia
que hace con esmero de unas fotos antiguas.
Naturaleza muerta, espacio inanimado,
fragmentos absorbidos por la ausencia,
tragados por el frío que hierve en los objetos
cada vez que los mira.

Ahora solo hay imagen, vacuidad,
los trazos inestables atrapados por la fotografía
de un momento perdido para siempre.
Allí están los dos, tan sonrientes,
fulminados a cámara muy lenta
por un rayo de hastío.

Quiere volver a hacer suyo
todo lo que ya está roto
para intentar encontrarse
reproducida en todos los pedazos.

Grita lo que le es inaprensible
mientras que lo que aprieta llora y calla.

Naturaleza muerta (III)

Siempre fue contemporánea
de toda incertidumbre, una moribunda escéptica,
la dueña de sus naufragios.
Los cuerpos troceados le hablaban al oído.
Un dios estrafalario deambulaba
delante de sus ojos mientras pule, indolente,
sus dibujos del tiempo. Un tiempo descarnado,
vagabundo, que hoy ya no la ilumina.
Exiliada de todo cuanto creyó real,
tanteando el perímetro
de sus perturbadoras pesadillas,
es la fatal imagen de unos *selfies*
gastados por la vida. Un muro transparente,
traspasado de huecos, escupido de luz,
cae sobre el precipicio de sus ojos.
Contra esa luz mortífera se estrella cada día
y se va haciendo sombra.

Su turbación alumbra lo perdido.
Su mirada inocente
apacigua los templos donde arde.

Hoy las sombras transitan por sus ojos
como lenguas de fuego,
pero ya no la abrasan.

Naturaleza muerta (IV)

Es ella quien transcribe los gritos de sus golpes.
Utiliza su cuerpo como página para escribir en él
garabatos con dedos que tiritan
y palabras ignotas en lenguajes de signos.
Todos los orificios están iluminados
de gramática muda, de una sintaxis no civilizada
que practica esculturas imposibles
que no tienen cimientos, tampoco son ingrávidas.
Desposeído el tiempo de sus ocupaciones,
sin patria que pudiera recordar, fuera de sí,
apurando la dulce somnolencia
de ese sueño que ocurre
bajo la estricta sombra de un oasis
mientras se balancea su cabeza
de un horizonte a otro,
auscultando el perfil de cada duna
como si fueran hierro derretido
encima de sus ojos.
Exiliada del vértigo, paralizada, ajena
a las preocupaciones del viajero, de repente,
intuye un universo donde ya no está sola.
En las horas que siguen al insomnio
escribe el epitafio de una nueva abdicación,
como si no supiera que el vacío
la convoca otra vez a su memoria,
a las deshabitadas circunstancias
donde todo al final desaparece.
La demencia no duda de sí misma.

Amor con Parkinson

«Todo se vuelve en mí plegaria y blasfemia, todo deviene en mí llamada y rechazo».

EMIL CIORAN[20]

Las manos temblorosas intentan sin lograrlo
entrelazar los dedos.
La enfermedad impide que se amen.
Fracasa el ejercicio una vez más.
Aprender a vivir lleva consigo
saber acostumbrarse al sufrimiento.
Palabras contagiadas entrechocan
en su forma letal de inexistencia,
ignoradas y extrañas, huecas y envejecidas,
amando su desgracia como el vaho ama al vidrio.

«Todo se vuelve en mí plegaria y blasfemia,
todo deviene en mí llamada y rechazo».
Gimotea envuelta en la crisálida.
Los dedos ya no pueden desgarrarla.
Se incendia el combustible
que guardaba en el fondo de los ojos.
En su celda florecen los bosques calcinados.
Jamás podrá salir sin abrasarse.

Casi todos los días se los pasa
viajando en una puerta giratoria.

2.ª PARTE
LAS DUDAS DE LO QUE SOY

«Si la personalidad se ha dirigido a la construcción del «yo», ahora éste, en esa capa profunda de la identidad personal, se preocupará por la construcción del sí mismo. La identidad personal de la que partimos y no podemos escapar no se ha detenido en la personalidad y el sabernos un ser diferenciado de los demás, sino que con el "yo" irá aún más allá —o "más acá", según como se mire— y aspirará a saber si además de ser diferentes somos idénticos para nosotros mismos».

NORBERT BILBENY[21]

Los ataúdes

Su memoria es como el microinstante en que una gota de lluvia pasa por delante de los ojos en mitad de un chaparrón. Una gota estrellándose en el suelo, mezclada con las otras, esparciéndose en gotas más pequeñas. Hace unos días tuvo que revolver en unas cajas antiguas mientras buscaba unas cosas. Encontró fotos en las que se veía en lugares donde no recordaba haber estado. Eso la hizo detenerse y preguntarse.

Viajó hasta su infancia con la idea de hacer un recorrido hasta llegar al hoy. Cuando era niña tenía dos casas: del piso en la ciudad apenas guarda ya ningún recuerdo, pero hay una sensación, al fondo, de mucha infelicidad. De las cosas agradables solo conserva fugaces instantáneas: los cristales de la cocina empañados en invierno por el vapor de lo que se cocinaba, el olor a comida, a ninguna en especial, el calor de la cocina de carbón encendida. Tiene la imagen viva del pasillo, larguísimo, donde sus hermanos jugaban con chapas y ciclistas que compraban en un quiosco de la plaza.

De la casa de campo, donde pasaba todas las vacaciones y el verano, conserva más instantáneas, pero son también visiones muy fugaces: ir a robar fresas al huerto de Raimundo, un día de pesca en el río cuando uno de sus hermanos arrancó las entrañas de un pajarillo que se había comido el cebo y tragado el anzuelo. Recuerda las excursiones con los perros del vecino —en su casa estaba prohibido tener ningún animal— con los que se escapaba bajando por el río hasta la playa, pero ningún detalle en especial. De todo aquello solo tenía también ligerísimos *flashes*, como un abrir los ojos y volver a cerrarlos de inmediato. No eran sucesos completos. Y hoy no le es posible reconstruir totalmente ninguna de esas historias. Solo tiene destellos aislados, como una cerilla que se enciende en un túnel: no se ve ni el principio ni el final ni el trayecto recorrido, solo se ve el espacio inmediato que alumbra la cerilla antes de apagarse. Borges dice en «Funes el memorioso» que pensar es olvidar diferencias, es generalizar, es abstraer. Pero en el abarrotado mundo de Funes no había sino detalles, casi inmediatos, perfectos, exhaustivos. Funes podía recordar de un modo prodigioso cada suceso ocurrido en todos los instantes de su vida pasada, lo que obviamente le impedía vivir en el presente. Su presente solo era recordar. El sueño, en sus primeras fases, realiza una depuración de los recuerdos. Al no dormir no los eliminamos; no tenemos la capacidad de olvidar muchas cosas con las que no podríamos vivir si las recordásemos a diario. Pero ella duerme muy poco, nunca más de una hora seguida, y sin embargo olvida casi todo. Ha vivido convencida de que su mundo memorístico estaba completo, de que todo su pasado estaba en ella, de que no tenía agujeros. Imagina la memoria como un enorme baúl en donde están los momentos, las personas.., el pasado por entero. Creía conservar íntegramente todo lo que hoy le hace ser la persona en la que cree que se reconoce. Vivió con la certeza de que su baúl estaba lleno. Pero cuando ahora lo abre ve que solo está lleno de unas cajas más pequeñas. Unas cajas de cartón que tienen en las tapas los nombres escritos de los episodios que deberían contener pormenorizadamente. Por ejemplo: tiene «la caja de Miguel», con quien vivió siete años, y cuando lo piensa vuelve a tener la certeza de la completitud de esa vivencia. De que no falta nada. Pero al abrir su caja solo encuentra brevísimos instantes. Sabe que vivieron juntos en El Escorial, lo recuerda mirando hacia el jardín por los grandes ventanales, lo ve fumar una tarde de invierno, sentado en el porche. Sabe que estuvo casi dos semanas ayudándola a cavar el agujero del estanque que ella quería tener. Lo ve con un mandil cocinando no sabe qué para una cena a la que iban a venir unos amigos argentinos. Sabe que juntos colocaron los libros que aún estaban en las cajas después de varios años de otra mudanza anterior. Puede parecer extraño, pero no tiene ni un solo recuerdo de Miguel poniéndolos. Es decir, no lo ve en esa escena. Lo sabe de alguna forma, pero es una rara forma de saber. Tiene el convencimiento de que todo esto que cuenta ocurrió, pero de su rastro en la memoria no queda casi nada, y lo que queda es muy parecido a los restos de los sueños que resisten brevemente después de despertar. La caja de Miguel que hay en su baúl tiene poco más que su nombre escrito sobre la tapa, como el nombre de un archivo. ¿Cómo puede «saberse» algo que se ha olvidado casi por completo? ¿En qué lugar reside ese conocimiento que no puede refrendarse y que trata de engañarla? ¿Cómo se certifica la existencia si las huellas que la han traído hasta el hoy han desaparecido? Su pasado es como un libro que hubiese sido escrito en el papel de un fax térmico al que se le han ido borrando las palabras y del que solo quedan trozos legibles del índice, partes que hacen referencia a unos capítulos, a unas páginas donde —como mucho— quedan sílabas sueltas viajando hacia la evanescencia, renglones donde se ha disipado casi todo, fechas indistinguibles, como los resguardos de los pagos hechos con la tarjeta de crédito que se grapan junto a la garantía de aquello que se compra. Sus recuerdos son brevísimos fogonazos, instantáneas borrosas, sucesos troceados que se van apagando. Los recuerdos, incluso los que cree más firmes, son apariciones frágiles. Debe de haber dos clases de recuerdos: tangibles e intangibles. Los primeros son aquellos sobre los que todavía se pueden ver las huellas encima de la arena. Señalan el trayecto, la dirección, e incluso podría calcularse el tiempo en función de la cantidad de huellas conservadas. El recuerdo intangible debe de ser como verse encima de una duna mirando hacia todas partes sin poder distinguir ninguna huella porque el viento del desierto las cubrió con su arena. Y entonces ya no se sabe por qué se está allí, ni de qué lugar proceden esas huellas.

Tiene la caja de José María... era rubio, con gafas, algo mayor que ella —hablaba español con fuerte acento francés porque había nacido y vivido allí hasta hacía muy poco tiempo—. Aquí en España vivía en casa de su abuela. Pero recordar..., lo que se dice recordar, ese recuerdo tangible que podríamos llamar indiscutible, solo recuerda el día de su cumpleaños —ni siquiera sabe ya cuántos cumplía— bailando juntos en el salón de la casa de su abuela, apretadísimos, con todo el pecho empapado de sudor, notaba la erección contra su vientre. La música sonaba en uno de aquellos tocadiscos portátiles que se usaban en los guateques, era de color rojo. Tiene también la caja de Teresa, la de Pepa, la de Pablo, la de Agustín, la caja de su madre..., pero lo que hay en ellas solo son nociones de sucesos, ideas vagas. Lo que queda es poco más que un sumario, los títulos de un catálogo de hechos, los restos de unos folios quemados en los que no puede leerse ninguna frase completa. Tiene muchas otras cajas que ni siquiera llevan escrito ningún nombre, ya no sabe a quiénes pertenecen. Podría hacer un recorrido por su vida en menos de tres minutos. Hizo verdaderos esfuerzos para llenar tanto hueco. Llamó a sus amigas para que le contasen qué recuerdos tenían sobre ella, qué hizo, lo que vivieron juntas, y de ese modo poder reconstruir sus recuerdos a través de los de sus amigas. Los recuerdos de otros sobre su propia vida... ¡Qué animal indeciso tan extraño, hecho de recuerdos prestados!

Recordar es como rehabilitar un edificio. Los materiales viejos se juntan con otros nuevos que intentan restituir el aspecto de lo que se ha perdido. «Restituir» no es correcto. Recordar solo es un intento de reconstruir, pero reconstruir también tiene mucho de recrear, es decir, inventar. Y al final se corre el peligro de encontrarse ante la paradoja del barco de Teseo. Los recuerdos son una materia cuántica, igual que las partículas del Principio de Indeterminación de Heisenberg —o principio de incertidumbre, que es un nombre más hermoso—, o como el gato de Schrödinger, muerto y vivo a la vez, igual que ella. Los recuerdos poseen también ese misterio cuántico del gato: mientras nadie mire el interior de la caja, el gato —dicen— se encuentra en una superposición de dos estados: vivo y muerto. Igual que sus recuerdos. Existen y no existen mientras no sean observados, mientras reposen en un extraño limbo cerrado al exterior. En el baúl. Cualquier intento por recuperarlos altera su existencia, los modela, los cambia, dejan de ser lo que fueron para ser hoy, cada hoy, un recuerdo alterado y recompuesto que se va deshaciendo. Porque a ellos les afecta también el tiempo y el espacio. Mientras no se abra la caja, el recuerdo puede estar vivo u olvidado en una superposición de ambos estados. Para los suyos esas cajas hoy son sus ataúdes.

El «soy» aproximativo (I)

«Toda definición de persona es aproximativa. De hecho, el estudio de la persona ya no pertenece al dominio de la biología, la psicología o la antropología, sino al ámbito del derecho, la ética o la teología. Es, en rigor, un concepto metafísico».

NORBERT BILBENY[22]

Las criaturas que ella misma ha concebido
discuten cada día dentro de su cerebro.
El mismo fotograma se repite otra vez:
alguien huye y alguien aparece
—dura solo el instante del fundido—
viviendo en la agonía de su postergación.

La luz que hubo al principio se ennegrece.
Alguien está escuchando sus palabras —dice—
en otro de los miles de universos
que forjó, imaginó o destruyó.
Viejas nubes de polvo
dibujan cicatrices en sus sueños
y una estrella que arde con los nombres
de todo lo que amó quiere hacerla partícipe
de su desmembradora combustión.

Elije cada llama
del fuego en el que quiere consumirse.
Las garras de una fiera sobre sus propias huellas
hoy señalan la urgencia de un futuro
que abandonó hace tiempo. Pero el futuro es...

solo un arma cargada de silencio.

Es como una cariátide que sube la escalera
para poder después precipitarse
dueña de su suicidio.

El «soy» aproximativo (II)

Reside en los espacios del teclado
y desde él proyecta las sombras
donde se esconde todo lo que nombra.
Es el eco de un triste animal indeciso,
ser aproximativo e intranscendente,
solamente un concepto metafísico
que no encuentra en el mundo
un lugar aceptable.
Un vacío succiona los restos del pasado,
centrípeto, perfecto, igual que el torbellino
que destruyó su infancia, centrífuga, dispersa...
Y se observa a sí misma, una niña nadando,
busca la superficie mientras mira hacia el fondo.
La misma niña que morirá más tarde
—siempre muere en sus sueños—.
Es fuego devorado por el fuego.
Nada desea que esos seres vivan.

Respira como quien pide una limosna.
Trata de ser la diosa de su propio universo,
pero es únicamente otra hija del miedo,
una mueca final, puro esperpento,
una muñeca antigua, abandonada,
que aprendió a cerrar los párpados
cada vez que la acostaban.

Hoy todo busca apoyo en lo que sobra.
El vacío es su elemento.

Los despojos del «soy»

Es la sombra que duerme y que despierta,
la muñeca yacente que intenta abrir los párpados.
Es allí y es aquí, ¡cuánto despojo
al amparo de la tediosa noche
se encarama otra vez en sus recuerdos!
Otra vez. Sí, otra vez, animal indeciso,
enmudecido, porque ya no es posible,
como ocurre en los sueños, reparar los destrozos
que las llamas hicieron en su cuerpo.
Un cuerpo —hay que decirlo—
que ya nadie recuerda, ni ella misma.

Es la sombra que sueña con encontrar los signos
retorcidos y huecos que dan forma a su nombre.
Y así vive, de forma impenitente,
escribiendo ridículas palabras
en este interminable y cruel epílogo
de una muerte anunciada y festejada.
«Y no porque los libros sean solo el eco degradado
de una palabra sublime, sino porque solo
se los escribe interrumpiendo el "murmullo"».[23]

Pero nada se interrumpe.
El murmullo, en su lenguaje,
es quien dicta sus palabras
a las llamas que sueñan con seguir abrasándolo.

Ella es solo ese murmullo.

El *yomismismo*

«Cada uno es para sí mismo lo que él llama él mismo».
JOHN LOCKE[24]

Habla con ese yo que habita en su cerebro.
El yo es el armatoste construido
sobre la reflexión de lo que cree ser,
«afán que exige un dueño a imagen suya»[25].
Pero en verdad el yo es quien la posee.
Es el yo de sí misma y —al contrario que Byron—
no quiere separar al yo de sí.
El yo empezó con un soy,
luego se tomó su tiempo para ir agigantándose.
Su propia enfermedad lo testifica.
El yo es como la edad,
la vaga estimación de una apariencia.
Ella es lo que aparenta.

El yo existe porque habla, y habla de sí sin tregua,
un murmullo impregnante
que desafía los términos de cualquier armisticio.
Un yo encerrado en ella que solo habla de sí,
un órgano retráctil que se enreda
como la lengua de las mariposas
para poder libar su propio néctar.
El yo es un ser diabético.

El yo se piensa único
y se concibe idéntico a sí mismo,
pero hay gente que tiene un yo con doble fondo.

El yo es como la arena movediza
que engulle por completo todo cuanto caiga en él.
El yo bebe del fuego y no se quema.
El yo es incombustible.

Pero si se observa bien...,
es una historia ficticia.

Ella es su propio relato.

Fe en el fuego

A veces cree en el fuego
porque sabe que algo la consume.
El pasado es un abismo
al que se precipita con paracaídas.
El presente es otro abismo
por el que anda siempre a ciegas.
Sus recuerdos son erratas en el libro del olvido.

Vuelve otra vez a su guerra
y en un instante todo se confunde.
El pasado, el presente y el recuerdo
se fusionan en un estruendo atómico
y un silencio insolente
se adueña del reloj de su existencia.

No hay piedad en esta guerra
y no puede hacer rehenes.

Hay que tener fe en el fuego.

¿Soy?

Es la mujer que muerde al yo que sobrevive,
un dolor que regresa empapado de sed.
Es la mujer que muere y que se apaga
y mide la distancia a la ceniza.
Es el dolor que nombra lo que arde,

Animal indeciso..., hay ciertos días
en los que hasta la lluvia la deforma.
Esos días heridos de infinito susurran en su oído
los nombres que se inventa
para seguir llamándonos
mientras sus ojos nos gritan
como si nos conociese.

Se abandona a sí misma y engendra dos extrañas
en su propia existencia.
Es un fractal de otros cuerpos
que también la abandonaron.
Dentro de su cerebro se esconde un policía
que pastorea el asunto de sus sueños.
Una hoguera la llama por su nombre:
—¡Ven! —le dicen las llamas—
aquí podrás por fin beber el fuego.

Paradójicamente,
bajo una tempestad interminable,
esos labios con sed maman el fuego
y se duermen saciados, complacidos.

3.ª PARTE
LA VIDA ES SUEÑO

«Mi misión es despertar a las gentes de su sueño de siempre, sabiendo al propio tiempo que así cometo un delito y que sería mil veces mejor dejar que siguieran durmiendo porque, en cualquier caso, cuando se despertaran yo no tendría nada que proponerles».

EMIL CIORAN[26]

La muerte es sueño y los sueños...

«Yo sueño que estoy aquí / destas prisiones cargado,
y soñé que en otro estado / más lisonjero me vi.
¿Qué es la vida? Un frenesí.
¿Qué es la vida? Una ilusión,
una sombra, una ficción,
y el mayor bien es pequeño:
que toda la vida es sueño, / y los sueños, sueños son».
PEDRO CALDERÓN DE LA BARCA

Está escrito más atrás que el sueño realiza una depuración de los recuerdos y que al no dormir no se eliminan. En esa depuración que el sueño efectúa sobre los recuerdos, solo deja en nuestro cerebro aquello que él considera importante o lo que más le ha impresionado. El cerebro tiene un programa instalado de fábrica que elige por nosotros, y se llama atención, un término psicológico. Funciona en la audición, en la visión, en los recuerdos, en el pensamiento, en todo. La atención —y el recuerdo— es como esos programas de los ordenadores que eliminan las *cookies* y el historial de búsquedas recientes.

Pero ella duerme muy poco, y sin embargo olvida casi todo. Aun así, aborrece despertar. Hace ya varios años que solo encuentra sentido a la vida mientras duerme. Sueña muchísimo. En esa existencia paralela hasta las pesadillas son mejores que cualquier realidad. Todo lo que es hermoso ocurre mientras sueña, incluso lo terrible es más aceptable —aunque se despierte jadeando, empapada de sudor, con taquicardia— porque sigue teniendo un mágico halo de profunda irrealidad. Ha aprendido a manejar los sueños hasta cierto punto, a recuperarlos después de alguno de sus muchos despertares durante la misma noche, e incluso noches más tarde.

Soñar es para ella lo más sublime que tiene el ser humano. Es posible estar en varios sitios distintos simultáneamente, viajar en el espacio y en el tiempo, puede ser ella misma dentro de cuerpos distintos, e incluso puede ser varias personas diferentes dentro del mismo sueño y darse cuenta de ello. En el sueño no rigen las leyes de la vida o de la física, solo reina la inabarcable aleatoriedad de billones de conexiones neuronales a su libre albedrío que, además, son capaces de crear increíbles realidades, inimaginables durante la vigilia. Su vida ideal —repite— sería estar en coma hasta la muerte siempre que le garantizasen que podría soñar mientras está inerte. Firmaría ahora mismo —vuelve a repetir— vivir de esa manera en un coma inducido. En esa especie de ingravidez, de levedad, donde es posible otra vida mejor y más interesante, donde todo es verdadero a la vez que ficticio, donde la vida —y la muerte— saben doblarse encima de sí mismas para continuar en cualquier otra parte, o cambiar de carril, o seguir con ella de la mano en ese mismo sitio, soñando su propia vida, soñando su propia muerte.

La vida es sueño y los sueños...

El sueño reproduce lo invisible, lo incorpóreo,
aquello que sucede con los ojos cerrados
para que así el olvido sea más fácil.
Lo soñado se abraza a una extraña existencia
que desprecia los nombres y los sexos,
intenta reparar nuestras heridas,
se deshace de todo lo que no es necesario
y a la vez lo conserva rescatándolo,
mostrándonos las cosas que perdimos,
también las que anhelamos. Paradójicamente,
los sueños son el único escenario
donde el pasado puede reformarse,
donde el futuro aprende a recordar.

Para ella cada sueño es una nueva vida, pero...
lo soñado se acaba convirtiendo
en una construcción abandonada
dentro de un universo en construcción.
Todos sus sueños son antimateria,
incorpóreos, cambiantes, venenosos
y curativos, igual que las mandrágoras.

Las cicatrices le hablan al oído.

Una existencia eléctrica
baila con entusiasmo en su cerebro

y no se cansa.

El modo imperativo

> «El verbo leer, como el verbo amar y el verbo soñar, no soportan el modo imperativo».
>
> J. L. BORGES

Personajes que no están terminados,
seres huecos, sin forma, están saltando
desde una realidad a otra distinta,
pero ninguna existe. Son una percepción
que se aparece tumultuosamente,
mutación de un vacío en otro hueco
que se acoge a sí mismo y así siempre,
una vez y otra vez
hasta que ya no exista lugar donde esconderse.
En todo lo soñado hay una realidad que se libera
del lastre de las otras realidades
que arrastra como cuerpos de una diáspora.
Es realidad exenta, tiempo fatuo.
Las vidas de los sueños son las protuberancias
de algo que se esconde muy dentro de ella misma
como una intuición de lo vivido
y de lo que anhelase ser vivido,
pero también de aquello que se oculta en el miedo
y aflora en lo más hondo de la noche y resiste
a todos sus esfuerzos por hacerlo morir.
Cambiar de un sueño a otro no es posible
de manera consciente. Huir no es una opción.
Permanecer, tampoco.
Los sueños no obedecen ni aceptan ser llamados,
porque el verbo soñar, igual que el verbo amar,
nunca soporta el modo imperativo.

Cosas rotas

El tiempo se le escurre como en una alcayata
clavada del revés, mirando al suelo.
Entre esas cosas rotas su vida entra en apnea,
descubre un territorio donde se hacen legítimos
los extraños deseos de ese cuerpo imperfecto.
Pero el amor, si alguna vez lo hizo, ya no salva.
El amor casi siempre la confunde,
y en sus sueños aún más.
Cada vez que se mira en sus espejos
el deseo le muestra la imagen deseada.

Cuando sueña, su vida se articula
en extraños instantes vertiginosamente
liberados del tiempo.
Medirlos es posible..., pero el resultado es falso.

Los sueños son igual que una serpiente,
mudan de piel y sus desechos muestran
los huecos de otras vidas malogradas
que se disuelven con la luz del día.

Los sueños siempre nacen inclinados
a ser los desperdicios del olvido.
Son igual que ciertos pájaros:
mueren en cautividad,
y ella los despedaza revolviendo en sus vísceras
en un absurdo intento por descifrar su enigma.
Entre esas cosas rotas sobrevive
amamantando a sus pequeños monstruos.

El amor es el padre de un muñeco de nieve
que calienta las manos en la hoguera del tiempo.

Y allí sigue debajo de esa lluvia
fabricando presentes y preguntas
ahora que ya no importan las respuestas.

El ahora y el aquí

Es solo espacio y tiempo,
un aquí y un ahora siempre en fuga
que mantienen el ancla
hundido en los fangales del pasado.
Es un trozo de espejo destrozado de un golpe,
refleja su destierro en todas direcciones.

El aquí...
                tiene mucho de ahora y de presencia,
y el ahora...
                tiene tanto de aquí...
Ella sueña que está aquí
de estas prisiones cargada...
¿Qué es la vida? Una ilusión,
una sombra, una ficción...».
¿Pero qué será de ella
ahora que se ha despertado?
¿Por qué salir del ahora?
¿Por qué volver al aquí?
¿Por qué a la vida le gusta exhibirse en una escena
de naturaleza muerta?

No importan las respuestas.

Seres intranscendentes se reúnen
debajo de la sombra del lenguaje
con los labios hinchados de porqués.

El ojo omnipresente

Cioran le dice a Gabriel Liiceanu[27] que a veces llega a pasar semanas sin pegar ojo y que, en uno de esos momentos, se dio cuenta de que la vida solo era soportable gracias al sueño. Le confiesa que cada mañana, tras su interrupción, daba comienzo una nueva aventura de percances: «El insomnio, sin embargo, suprime la inconsciencia, obliga a 24 horas de diaria lucidez. La vida solo es posible si hay olvido».

El ojo omnipresente fabrica cosas muertas
e inocula los virus del insomnio.
Un fuego incontenible
se desborda en las cuencas de sus ojos
y arrasa los dominios de la almohada.
Todos los habitantes de sus sueños
se entregan a la muerte,
el forense examina sus abrasadas vísceras:
todos tienen el cuerpo atravesado
por esquirlas de aquello que perdieron,
todos tienen las córneas tatuadas
con un extraño idioma incomprensible,
todos han renunciado a la nostalgia.
La escena es un paisaje de restos industriales,
naves abandonadas, herrumbre de silencios...
La vida no es posible sin olvido.
La vida no es posible sin recuerdos.
«Recursos del sistema insuficientes».
«El programa no responde».

«¿Forzar salida?».

El ojo omnipresente lo confirma.
«El *software* ya no puede actualizarse».

El test de Alzheimer

«¿Qué día es hoy?
¿Qué día de la semana?
¿En qué sitio estamos ahora?
¿Cuál es su domicilio?
¿Qué edad tiene?
¿En qué día, mes y año nació?
¿Cuál es el nombre del presidente del gobierno?
¿Cuál es el nombre del anterior presidente del gobierno?
¿Cómo se llama su madre?
Cuente de 20 a 1 bajando de tres en tres».[28]
(Si hay cinco errores o más es muy probable
estar ante el inicio de un proceso
que habrá de conducirla a la demencia).
«Ahora dibuje un reloj. Coloque en él las horas.
Después las manecillas situándolas
para que el reloj marque las 11:10 h».
En ese reloj arden todas las vanidades
sin dejar ni rescoldos ni cenizas.
Dentro de cada instante
hay un desastre abriéndose al futuro.
Ese yo carcomido por la vida está intentando
unir con soldadura sus desgarros,
pero su mente es fuego que consume
la paja del recuerdo.

La paja del recuerdo

Las llamas que al principio la alumbraron
terminan por cegarla con el humo.
El ser virtual subyuga al ser real,
no hay dialéctica entre ambos, uno quiere poseer
y el otro simplemente se somete,
animal indeciso al que raptaron
de su propia realidad.

Ante ella solo hay pájaros lisiados
que caminan a tientas por un mundo
de seres desvalidos e insignificantes,
orificios que viajan del cuerpo a su reflejo,
el *selfie* de un espejo que muere por desidia
sobre la confusión de su vacío.

Ya no sabe si es el agujero
que roe la carcoma
o si es la carcoma perdida en su agujero.

Va saciada de sí, bebe de un fuego
que no calma la sed.

Pronto en esa embriaguez —y para siempre—
dejará de ser quien fue.
Ya no sabrá qué día es hoy,
cuál es su domicilio, qué edad tiene,
ni dibujar un reloj y poner en él sus horas.

Hoy es una grieta, un eco,
un cuerpo que solo existe
en los verbos que lo nombran.

Y ya no puede entenderse ni puede domesticarse.
Su cuerpo es como esa niebla
que únicamente se aprecia
cuando se ve desde fuera.

Será un hueco relleno de fragmentos
que olvidará que olvidó
y ya no sabrá quién es
ni quiénes somos nosotros.

Un reloj de pared averiado
da las doce campanadas.

Pobre animal indeciso...
No hay nada que reparar.

Ni el relojero de Ponge
—aunque en verdad fuese un mago—
podrá hacer ningún milagro.

NOTAS

1.Ponge, Francis (2000). El murmullo (Condición y destino del artista). *En Métodos. La práctica de la literatura. El vaso de agua y otros poemas-ensayo*. Buenos Aires: Adriana Hidalgo Editora.

2.Cioran, Émile Michel (2000). *Cuadernos (1957-1972)*. Barcelona: Tusquets Editores.

3.Texto creado sobre otro de Miguel Labordeta, «Hace diez años ya». Las cursivas pertenecen al poema de Labordeta.

4.Brandoli, Javier (4 de febrero de 2015). Iguala: desnudos contra el horror. El Mundo. https://www.elmundo.es/internacional/2015/02/04/54d2339de2704ea8388b458c.html?cid=MOTB23701

5.Trancón, Santiago (2004). *Texto y representación: aproximación a una teoría crítica del teatro*. Tesis doctoral. Facultad de Filología. UNED.

6.T. S. Eliot. «Los hombres huecos»: «Así es como acaba el mundo, / así es como acaba el mundo, / así es como acaba el mundo. / No en un estallido, sino en un sollozo...».

7.Godwin, William (1817). *Mandeville*.

8.Noticia aparecida en todos los diarios nacionales a principios de febrero de 2023.

9.Gómez, Nicolás (2009). *Escolios a un texto implícito*. Girona: Ediciones Atalanta.

10.Leibniz, Gottfried (1714). Monadología. «Las mónadas no tienen ventanas por las que algo pueda entrar o salir de ellas, no tienen agujeros ni puertas».

11.María Julia Bertolio: «Leibniz considera que el conocimiento humano es ciego. Cuando el hombre piensa en nociones complejas no puede aprehender simultánea y distintamente todas las notas que las componen, no es capaz de considerar el significado de cada término».

12.La cita son fragmentos del diálogo final de la película de Ridley Scott El consejero (2013). Reproduce parte de la conversación telefónica entre Rubén Blades (el jefe) y Michael Fassbender (el consejero). El ambicioso e imprudente consejero se ha introducido en un peligroso negocio de droga. Un hecho casual y no previsto, unido a una posterior traición, hace que asesinen a todos sus socios y que secuestren a su mujer como venganza de un cártel mejicano. En esta escena «el consejero» (abogado) llama a «el jefe» (un alto cargo del cártel) para intentar inútilmente salvar a su mujer. Pero será finalmente violada, decapitada y su cuerpo, dividido en dos (fragmentos), arrojado a un vertedero.

13.Valéry, Paul (2023). *Poemas en prosa*. Madrid: Visor.

14.Cioran, Émile Michel (1990). *Silogismos de la amargura*. Barcelona: Tusquets Editores.

15.Ortega y Gasset, José (1953). *Meditaciones del Quijote*. Madrid: Revista de Occidente (p. 322).

16.Bergson, Henri (2016). *Memoria y vida: Textos escogidos por Gilles Deleuze*. Madrid: Alianza Editorial. «La conciencia ilumina, pues, con su luz, en todo momento, [...] nuestro pasado inmediato; el resto permanece oscuro. En esta parte iluminada de nuestra historia es donde permanecemos situados en virtud de la ley fundamental de la vida, que es una ley de acción: de ahí la dificultad que experimentamos en concebir recuerdos que se conservarían en la sombra».

17.Ricoeur, Paul (2004). *La memoria, la historia, el olvido*. Buenos Aires: Fondo de Cultura Económica.

18.Borges, Jorge Luis (1998). *El tamaño de mi esperanza*. Madrid: Alianza Editorial.

19.De Toro, Suso (1998). «De la claustrofobia al naufragio». Textos para el catálogo Cercanías. VV. AA. Diputación Provincial de Lugo. Servicio de Publicaciones.

20.Cioran, Émile Michel (2000). *Cuadernos (1957-1972)*. Barcelona: Tusquets Editores.

21.Bilbeny, Norbert (2022). *La enfermedad del olvido*. Barcelona. Galaxia Gutenberg.

22.Bilbeny, Norbert (2022). *La enfermedad del olvido*. Barcelona. Galaxia Gutenberg.

23.Blanchot, Maurice (1992). *El espacio literario*. Barcelona. Ediciones Paidós. «[...] y no porque los libros sean solo el eco degradado de una palabra sublime, sino porque solo se los escribe haciendo callar lo que los inspira, traicionando el movimiento que pretenden recobrar, interrumpiendo el "murmullo"».

24.Locke, John (1689). *Ensayo sobre el entendimiento humano*.

25.Cernuda, Luis (1934). *Donde habite el olvido*.

26.Cioran, Émile Michel (1990). *Silogismos de la amargura*. Barcelona: Tusquets Editores.

27.Liiceanu, Gabriel (2014). *E. M. Cioran. Itinerarios de una vida*. Barcelona: Ediciones del Subsuelo.

28.El *Test del reloj*, usado por vez primera en 1956, es uno de los varios recursos diagnósticos que se utilizan con pacientes ante cualquier sospecha de demencia.

ÍNDICE

2.ª Parte

EL RELOJERO DEL SER

(Cuerpos de Lewy)

1.ª Parte. ANIMAL INDECISO

2.ª Parte. LAS DUDAS DE LO QUE SOY

3.ª Parte. LA VIDA ES SUEÑO

***

Este libro se terminó de editar en Granada
en diciembre de 2025 por

www.aversopoesia.com
hola@aversopoesia.com